AF276519

ACCESO GRATIS a la Lectura en la Nube

Para visualizar el libro electrónico en la nube de lectura envíe junto a su nombre y apellidos una fotografía del código de barras situado en la contraportada del libro y otra del ticket de compra a la dirección:

ebooktirant@tirant.com

En un máximo de 72 horas laborales le enviaremos el código de acceso con sus instrucciones.

EL ABSENTISMO LABORAL

EL ABSENTISMO LABORAL

Tomás Sala Franco
Catedrático emérito de Dereho del Trabajo y de la Seguridad Social
Universidad de Valencia. Estudio General

tirant lo blanch
Valencia, 2025

© Tomás Sala Franco

© TIRANT LO BLANCH
EDITA: TIRANT LO BLANCH
C/ Artes Gráficas, 14 - 46010 - Valencia
TELFS.: 96/361 00 48 - 50
FAX: 96/369 41 51
Email:tlb@tirant.com
www.tirant.com
Librería virtual: www.tirant.es
DEPÓSITO LEGAL: V-2221-2025
ISBN: 979-13-7010-266-1
MAQUETA: Tink Factoría de Color

Si tiene alguna queja o sugerencia, envíenos un mail a: *atencioncliente@tirant.com*. En caso de no ser
atendida su sugerencia, por favor, lea en *www.tirant.net/index.php/empresa/politicas-de-empresa* nuestro
procedimiento de quejas.

Responsabilidad Social Corporativa: http://www.tirant.net/Docs/RSCTirant.pdf

Índice

INTRODUCCIÓN

1. EL DOBLE SIGNIFICADO LEGAL DEL ABSENTISMO LABORAL

El absentismo laboral puede entenderse en un doble sentido:

a) Como *"ausencias de la persona trabajadora al trabajo"* comprensivas de las *"faltas de puntualidad al trabajo"* y de las *"faltas de asistencia al trabajo"*, legalmente justificadas o no (*"absentismo laboral"* propiamente dicho).

b) Como *"tiempo de trabajo perdido"*, esto es, la persona trabajadora acude a su trabajo y no trabaja o se dedica a tareas que no guardan relación con su puesto de trabajo, que podrá estar igualmente justificado o no (*"absentismo presencial"*).

Si bien haya que reconocer que la frontera entre una y otra modalidad de absentismo no es clara, confundiéndose en ocasiones.

La importancia del absentismo para las empresas es algo indubitado. Según datos del Instituto Nacional de Estadística, en el tercer trimestre de 2023 en promedio cada día se ausentaron de su puesto de trabajo 1.400.423 personas trabajadoras. Según estos datos, el absentismo ha provocado la pérdida de un 6,5 por 100 de las horas pactadas, mientras que el absentismo por incapacidad temporal ha supuesto la pérdida de un 5,0% de las horas pactadas en el periodo de referencia, siendo el sector de la construcción el que tiene una tasa de absentismo más baja y los sectores industrial y de servicios los que tienen una tasa de absentismo más alta.

2. LA IMPORTANCIA DEL ABSENTISMO PARA LAS EMPRESAS

La importancia del absentismo para las empresas es algo indubitado. Según datos del Instituto Nacional de Estadística, en el tercer trimestre de 2023 en promedio cada día se ausentaron de su puesto de trabajo 1.400.423 personas trabajadoras. Según estos datos, el absentismo ha provocado la pérdida de un 6,5 por 100 de las horas pactadas, mientras que el absentismo por incapacidad temporal ha supuesto la pérdida de un 5 por 100 de las horas pactadas en el periodo de referencia, siendo el sector de la construcción el que tiene una tasa de absentismo más baja y los sectores industrial y de servicios los que tienen una tasa de absentismo más alta.

En concreto, el índice de absentismo por incapacidad temporal derivada de contingencias comunes ha crecido exponencialmente en el último año 2024 , costando a las empresas 14.000 millones y a la Seguridad Social más de 15.000 millones. Tanto es así que, en la Disposición Adicional sexagésima de la LGSS, establecida por el Real Decreto-ley 11/2024, de 23 de diciembre y con vigencia desde el 25 de diciembre de 2024, se ha creado una Comisión Estatal de Control de los Convenios de los Servicios de Salud con la Mutuas para evaluar su efectividad: analizar las causas de la incapacidad temporal, su incidencia, la duración de los procesos, su impacto en el Servicio Nacional de Salud y las medidas para reducir su impacto. La Comisión está integrada por representantes de la Secretaría de Estado de Seguridad Social y por representantes de las organizaciones empresariales y sindicales más representativas, creando paralelamente en cada Comunidad Autónoma una Comisión de Seguimiento de los Convenios para mejorar la gestión de la incapacidad temporal.

Parte primera

EL TRATAMIENTO LEGAL DEL ABSENTISMO LABORAL PROPIAMENTE DICHO

3. EL ABSENTISMO LABORAL JUSTIFICADO

La ley considera justificado el absentismo laboral en los casos de ausencia al trabajo de la persona trabajadora en una serie de supuestos:

- Por descanso semanal (Art. 37.1 del ET).
- Por días festivos (Art. 37.2 del ET).
- Por permisos (Arts. 23, 37.3 y 9, 40.4, 53.2 y 68 e) del ET; 9.2 y 10.3 de la LOLS; 19.1, 36.2 c) y 37.1 y 2 de la LPRL).
- Por vacaciones anuales (Art. 38.1 del ET).
- Por suspensión del contrato de trabajo por una serie de causas (Arts. 45 a 48 del ET).
- Por excedencias voluntarias (Art.46 del ET).
- Por permisos parentales (Art. 48 bis del ET).
- Por imposibilidad de prestar el trabajo por causa imputable al empresario (Art. 30 del ET).

4. LAS DISTINTAS FORMAS DE COMBATIR EL ABSENTISMO JUSTIFICADO DESDE LA LEY

El absentismo justificado puede combatirse en la ley de tres maneras:

a) En primer lugar, mediante la no compensación por parte de la empresa de la retribución correspondiente a los periodos no trabajados, existiendo así ausencias justificadas retribuidas y no retribuidas.

b) En segundo lugar, mediante el no cómputo de las ausencias justificadas a los efectos de configurar la antigüedad en la empresa, lo que redundará en los efectos económicos (complemento personal de antigüedad) o en otros efectos (en los ascensos y en las indemnizaciones en caso de despido o de otras formas de extinción contractual).

c) En tercer lugar, mediante el no cómputo de las ausencias a los efectos del descanso vacacional anual.

d) Y, en cuarto lugar, mediante las distintas formas de control del absentismo justificado.

5. LAS AUSENCIAS JUSTIFICADAS Y EL MANTENIMIENTO DEL SALARIO

La ley solamente garantiza el derecho a la retribución de las ausencias justificadas en los siguientes supuestos:

– Por descanso semanal (Art. 37.1 del ET).

– Por días festivos (Art. 37.2 del ET).

– Por vacaciones anuales (Art. 38 1 de ET).

– Por determinados permisos:

o En los supuestos de *"mora accipiendi"* del Art. 30 del ET.

o En los permisos enumerados en el Art. 37.3 del ET: matrimonio o registro de pareja de hecho; accidente o enfermedad graves, hospitalización o intervención quirúrgica sin hospitalización que precise reposo domiciliario del cónyuge, pareja de hecho o parientes hasta el segundo grado por consanguinidad o afinidad, incluido el familiar consanguíneo de la pareja de hecho así como de otras personas distintas que convivan con la persona trabajadora en el mismo domicilio y que requiera el cuidado efectivo de aquella; fallecimiento del cónyuge, pareja de hecho o parientes hasta el segundo grado por consanguinidad o afinidad; traslado del domicilio habitual; cumplimiento de un deber inexcusable de carácter público y personal; realización de funciones sindicales o de representación del personal (Arts. 68 e) del ET y 10.3 de la LOLS); realización de exámenes prenatales y técnicas de preparación del parto y asistencia a las sesiones de información y preparación para la declaración de idoneidad en los casos e adopción, guarda con fines de adopción o acogimiento; imposibilidad de acceder al centro de trabajo o transitar por las vías de circulación necesarias para acudir al mismo, como consecuencia de las recomendaciones, limitaciones o prohibiciones al desplazamiento establecidas por las autoridades competentes, así como cuando concurra una situación de riesgo grave e inminente, incluidas las derivadas de una catástrofe o fenómeno meteorológico adverso; y realización de los actos preparatorios de la donación de órganos o tejidos.

o En los permisos concedidos para la formación profesional para el empleo del Art. 23.3 del ET.

o En los permisos de los representantes sindicales necesarios para participar en la negociación colectiva (Art. 9.2 de la LOLS).

o En los permisos de los delegados de prevención para actividades no imputables al crédito de horas laborales retribuidas de los Arts. 19.1, 36,2 c) y 37.1 y 2 de la LPRL.

o En los permisos de los trabajadores para buscar un nuevo trabajo durante el periodo de preaviso en el caso de extinción contractual por causas objetivas del Art. 53.2 del ET.

o En los permisos del trabajador desplazado por más de seis meses del Art. 40.4 del ET.

o En los permisos para acudir a cursos de formación en materia de seguridad y salud laboral del Art. 19.1 de la LPRL.

o Por imposibilidad de prestar el trabajo por causa imputable al empresario (Art. 30 del ET).

o En los permisos y licencias convencionales y contractuales cuando se hubiere pactado su carácter retribuido.

Por el contrario, la ley no garantiza la retribución en los supuestos de suspensión del contrato de trabajo (el Art. 45. 2 del ET establece que *"la suspensión exonera de las obligaciones recíprocas de trabajar y remunerar el trabajo"*), de excedencias voluntarias (Art. 46.5 del ET), de permisos parentales (Art. 48 bis del ET) y de permisos convencional o contractualmente pactados como no retribuidos.

6. EL CÓMPUTO DE LAS AUSENCIAS JUSTIFICADAS A EFECTOS DE ANTIGÜEDAD

En lo que se refiere al cómputo de estas ausencias justificadas a efectos de antigüedad, hay que señalar que la ley no distingue claramente entre las ausencias computables y las no computables, guardando silencio la mayoría de las veces, manifestándose expresamente tan solo respecto de determinadas ausencias. No obstante, se trata de una materia en la que tanto la negociación colectiva como la contratación individual pueden reconocer el carácter de computables a ausencias que la ley excluye del cómputo.

Por otra parte, cuando se trata de ausencias computables por mandato legal, convencional o contractual, surge el problema práctico de interpretar las consecuencias de este cómputo, esto es, si se trata de una antigüedad que va a jugar solamente a efectos económicos (complemento personal de antigüedad) o a todos los efectos (también, en los ascensos y en las indemnizaciones en caso de despido o de otras formas de extinción contractual).

En este último sentido, con carácter general, existe una línea jurisprudencial consolidada de considerar la antigüedad únicamente a efectos salariales y no a efectos indemnizatorios, no debiendo confundir la antigüedad con los años de servicios efectivos (en este sentido, SS.TS de 8 de marzo de 1993 o de 28 de junio de 2002), sin perjuicio de que si las partes han acordado que el reconocimiento de la antigüedad en periodos de ausencia del trabajador lo sea *"a todos los efectos"*, compute también a efectos indemnizatorios. Así:

A) En cuanto a los supuestos de las interrupciones o permisos, retribuidos o no, a que se refiere el Art. 37 del ET, cabe afirmar que, con carácter general, todos ellos por etiología y naturaleza, deben ser computables a efectos de antigüedad. Solamente, cuando se trate de permisos nacidos convencional o contractualmente, habrá que estar a lo que las partes hayan acordado libremente.

B) En cuanto a los permisos para la formación o el perfeccionamiento profesional (Art. 23.1 b) del ET), la ley se remite a la negociación colectiva para la regulación de su régimen jurídico, por lo que habrá que estar a lo acordado en ella.

C) Por lo que se refiere a los supuestos de imposibilidad de la prestación laboral por circunstancias imputables al empresario (Art. 30 del ET), por esta última razón la jurisprudencia ha considerado que los trabajadores conservan su derecho a la antigüedad (por todas, SS.TS 14 de julio de 1982 o de 9 e abril de 1990).

D) Respecto de las excedencias voluntarias (Art. 46 del ET), la mera dicción legal de que las mismas implican *"solo"* un derecho preferente de reingreso (Art. 46. 5 del ET), en contraste con el reconocimiento expreso en el mismo precepto del derecho a la antigüedad de las excedencias forzosas (Art. 46.1 del ET), ya deja suficientemente clara la voluntad de la ley de que se trata de periodos no computables a efectos de antigüedad. Así lo ha confirmado la jurisprudencia (por todas, SS.TS de 30 de octubre de 1985, de 10 de julio de 1989 o de 24 de enero de 1990).

E) En cuanto a los supuestos de suspensión contractual del Art. 45 del ET, con carácter general cabría interpretar que el cómputo de los periodos suspensivos a efectos de antigüedad se deduce a sensu contrario de lo dispuesto en el Art. 45.2 del ET, dado que en él se establecen los efectos de la suspensión y nada se dice de la interrupción de la antigüedad (por todas, SS.TS de 25 de febrero de 1985 o de 26 de septiembre de 2001). Con todo, no cabe una generalización total de esta interpretación a todos los supuestos de suspensión contractual, debiendo hacerse un análisis de cada uno de los supuestos. Así:

a) En los supuestos de suspensión por mutuo acuerdo (Art. 45.1 a) del ET) o por las causas válidamente consignadas en el contrato (Art. 45.1 b) del ET), habrá que estar a lo que las partes hayan acordado.

b) En la incapacidad temporal (Art. 45.1 c) del ET), con base en el Art. 5.4 del Convenio 132 de la OIT, relativo a las vacaciones anuales pagadas, que establece que debe computarse como tiempo de servicio el de suspensión del contrato por enfermedad para la indemnización por despido, la jurisprudencia ha considerado que se trata de un periodo computable a todos los efectos, incluida la indemnización por despido (por todas, STS de 25 de febrero de 1985).

c) En las situaciones de nacimiento, adopción, guarda con fines de adopción o acogimiento, de conformidad con el Código Civil o las leyes civiles de las Comunidades Autónomas que lo regulen de menores de seis años o de menores de edad mayores de seis años con discapacidad o que por sus circunstancias y experiencias personales o por provenir del extranjero, tengan especiales dificultades de inserción social y familiar debidamente acreditadas por los servicios sociales competentes y de riesgo durante el embarazo y riesgo durante la lactancia natural de un menor de nueve meses (Art. 45.1 d) y e) del ET, respectivamente), nos encontramos ante un conjunto de situaciones que devienen obligatorias por imperativo legal y están encaminadas a tutelar valores merecedores de especial protección.

No parece, por tanto, que exista argumento alguno que permita cuestionar su cómputo a efectos de antigüedad a todos los efectos. El TJUE, en sus Sentencias de 30 de abril de 1998 (Caso Thibault) y de 18 de noviembre de 2004 (Caso Sass) ha sostenido que dicho cómputo de antigüedad en situaciones de maternidad es una exigencia del principio de igualdad. Igualmente, la STJE de 16 de febrero de 2006 (Caso Sarkatris Herrero frente al Instituto Madrileño de Salud) entendió que debía computarse la antigüedad derivada de un periodo de suspensión por maternidad a los efectos de unas pruebas de acceso a la función pública.

d) La suspensión contractual por el ejercicio de un cargo público representativo que imposibilite la asistencia al trabajo (Art. 45. 1 f) del ET) o por el ejercicio de funciones sindicales de ámbito provincial o superior mientras dure el ejercicio de su cargo en los sindicatos más representativos (Arts. 46.4 del ET y 9.1 de la LOLS), en la medida en que se trata de una situación que se canaliza a través de la excedencia forzosa, respecto de la que la norma establece expresamente que da derecho *"al cómputo de la antigüedad de su vigencia"* (Art. 46.1 del ET), plantea la duda de si computa *"a todos los efectos"* o queda discutiblemente excluida de la indemnización por despido. Esta última es la solución adoptada por la jurisprudencia, al entender que este periodo computa a efectos de la antigüedad, pero no a efectos del tiempo de servicio para la indemnización por despido (por todas, STS de 26 de septiembre de 2001).

e) La ley nada dice acerca de la privación de libertad del trabajador, mientras no exista sentencia condenatoria (Art. 45.1 g) del ET), siendo los convenios colectivos los que contienen una variada gama de soluciones tomando en consideración el resultado del juicio, dejando claro que cuando se trata del cumplimiento de una sentencia firme no existe cómputo de antigüedad, aunque algún convenio colectivo, en el caso de penas menores, haya establecido una reserva de puesto de trabajo.

f) Respecto de la suspensión de empleo y sueldo por razones disciplinarias (Art. 45.1 h) del ET), dado que se trata de una situación nacida de un comportamiento incumplidor de la persona trabajadora que, además puede tener una duración prolongada de hasta seis meses, la doctrina ha entendido que no computa a efectos de antigüedad, considerando que *"opera básicamente como un supuesto de extinción que no tiene efectos extintivos"* (VIDA SORIA).

Cuestión distinta es la que se produce en los supuestos de suspensión, con carácter preventivo, para la apertura de un *"ex-*

pediente informativo" previo a la imposición de una sanción disciplinaria. Estas suspensiones, admitidas por la jurisprudencia siempre que su duración sea razonable y la necesidad de información esté justificada, se admiten solamente como *"suspensiones de empleo"* y hay por ello que entenderlas como computables a efectos de la antigüedad y a todos los efectos.

g) Por lo que se refiere a la suspensión por fuerza mayor temporal (Art. 45. 1 i) del ET) y por causas económicas, técnicas, organizativas o de producción (Arts. 45.1 j) y 7 el ET), en la medida en que se trata de causas ajenas a la voluntad de ambas partes, surge la duda de si sus efectos deben recaer sobre el empresario como riesgo de empresa o sobre la persona trabajadora.

h) La suspensión del contrato por el ejercicio del derecho de huelga (Art. 45.1 l) del ET), pese al silencio de la ley, se ha defendido mayoritariamente que, tratándose de una huelga legal, su periodo de duración es computable a efectos de antigüedad para no limitar el ejercicio de un derecho constitucional fundamental. Obviamente no si se trata de una huelga ilegal.

Por lo que atañe a los trabajadores no huelguistas que, a resultas de la huelga, legal o ilegal, se ven imposibilitados de realizar su trabajo, al tratarse de circunstancias ajenas a su voluntad, habrá que entender que se produce el pleno mantenimiento de su derecho de antigüedad (por todas, SS.TS de 20 y 25 de junio de 1995).

i) El cierre legal de la empresa (Art. 45.1 m) del ET), en cuanto tiene su causa en un interés empresarial, hay que entender que no afectará a los derechos de antigüedad de los trabajadores afectados.

l) En cuanto a la decisión de la trabajadora que se vea obligada a abandonar su puesto de trabajo como consecuencia de ser víctima de violencia de género o de violencia sexual (Art. 45. 1 n) del ET), ante el silencio de la norma y en la medida en que se trata de una causa ajena a la voluntad del empresario, aunque es cierto que se trata al mismo tiempo de un supuesto necesitado de una especial protección, no resulta claro recaer sobre la empresa cargas que no han nacido en su órbita. De aquí que se haya planteado razonablemente que sea a través de la negociación colectiva, con ocasión de la confección de los planes de igualdad, como se resuelva la cuestión, siendo en este sentido posible encontrar convenios colectivos que establecen expresamente el cómputo de la antigüedad en estos supuestos.

j) En el caso del disfrute del permiso parental (Art. 45.1 o) del ET), regulado en el Art. 48 bis del ET, aunque la norma guarda silencio sobre el cómputo de la antigüedad, debería a mi juicio, pese a su posible duración máxima de ocho semanas, recibir el mismo trato a efectos de antigüedad que los restantes permisos del Art.37 del ET (ver *supra*).

7. EL CÓMPUTO DE LAS AUSENCIAS JUSTIFICADAS A EFECTOS DEL DESCANSO VACACIONAL

El Art. 38 del ET, regulador del derecho a las vacaciones anuales retribuidas, nada dice acerca de los efectos de las distintas ausencias al trabajo sobre el derecho al descanso vacacional, no distinguiendo entre ausencias computables y no computables en orden a generar el derecho a este descanso

La clave para resolver esta cuestión se encuentra en el Art. 5.4 del Convenio 132 de la OIT, sobre vacaciones anuales pagadas, según el cual *"las ausencias del trabajo por motivos independientes de la voluntad de la persona interesada, como enfermedad, accidente o maternidad, serán contadas como parte del periodo de servicios"*, teniendo el Convenio un carácter ejemplificativo y no cerrado de los motivos.

En aplicación de esta regla maestra, un repaso de las distintas ausencias al trabajo arrojaría el siguiente resultado:

a) Las faltas de asistencia injustificadas, por tratarse de ausencias al trabajo por motivos que dependen de la voluntad de la persona trabajadora, no deberán lógicamente computarse a estos efectos.

b) Las suspensiones de empleo y sueldo por razones disciplinarias no deberán tampoco computarse a efectos de las vacaciones, dado que responden a la voluntad de la persona trabajadora.

Ahora bien, en el caso de que, impugnada la sanción disciplinaria, hubiese sido declarada nula (por no haberse seguido el procedimiento legal o convencionalmente exigible o por apreciarse en ella discriminación o violación de los derechos fundamentales de la persona trabajadora) o se hubiese revocado, habrá que entender que la ausencia fue involuntaria debiendo computarse por ello a efectos de las vacaciones. Y si, dado el carácter inmediatamente ejecutivo de la sanción desde la fecha indicada en la comunicación a la persona trabajadora, hubiera producido efectos negativos sobre el derecho a las vacaciones, al no computarse ese periodo suspensivo, debería compensarse posteriormente a la persona trabajadora con los días de vacaciones dejados de disfrutar por ello.

c) La privación de libertad de la persona trabajadora solo en el caso de que existiera una sentencia firme condenatoria no podría computarse dado el carácter voluntario de la ausencia al trabajo, según lo dispuesto en el Art. 5.4 del Convenio 132 de la OIT.

d) Las situaciones suspensivas derivadas de incapacidad temporal por enfermedad, accidente, maternidad, paternidad, riesgo durante el embarazo y durante la lactancia natural de un menor de nueve meses, adopción y acogimiento preadoptivo deberán computarse a efectos vacacionales por expreso mandato del Convenio 132 de la OIT.

Piénsese, además, que el Art. 38.3 del ET establece que *"cuando el periodo de vacaciones fijado en el calendario de vacaciones de la empresa coincida en el tiempo con una incapacidad temporal derivada del embarazo, el parto o la lactancia natural o con el periodo de suspensión del contrato de trabajo, se tendrá derecho a disfrutar las vacaciones en fecha distinta a la de la incapacidad temporal o a la del disfrute del permiso que por aplicación de dicho precepto le correspondiera, al finalizar el periodo de suspensión, aunque haya terminado el año natural a que correspondan"* y que *"en el supuesto de que el periodo de vacaciones coincida con una incapacidad temporal por contingencias distintas a las señaladas en el párrafo anterior que imposibilite al trabajador disfrutarlas, total o parcialmente, durante el año natural a que corresponden, el trabajador podrá hacerlo una vez finalice su incapacidad y siempre que no hayan transcurrido más de dieciocho meses a partir del final del año en que se hayan originado.*

e) Acaso, también, por tratarse de ausencias en las que no juega la voluntad de la persona trabajadora, deberían computarse las reconducibles a los supuestos de *"mora accipiendi"* del Art. 30 del ET, a la fuerza mayor afectante a la persona trabajadora y a las situaciones suspensivas por fuerza mayor o por causas económicas, técnicas, organizativas o de producción.

No obstante lo anterior, resulta de interés atender a la peculiar y discutible doctrina establecida en las SS.TS de 30 de abril de 1986 y de 13 de febrero de 1997, en las que se entendió que un prolongado permiso retribuido empresarial por falta de actividad había *"amortizado"* las vacaciones. En todo caso respecto de los supuestos de suspensión por causas e económicas, técnicas, organizativas o de producción y por fuerza mayor, existen posiciones judiciales diversas en atención a las circunstancias concurrentes. Así, las reducciones de jornada por estas causas computan a estos efectos, no computando las suspensiones totales de actividad (SSTS de 14 de julio de 1999), argumentando que el supuesto no guarda analogía con los previstos en el Art. 5 del Convenio 132 de la OIT.

f) En cuanto a las suspensiones por mutuo acuerdo de las partes o por las causas consignadas válidamente en el contrato y a los permisos de origen convencional o contractual, habrá que estar en cada caso a lo acordado. Y, en el caso de silencio convencional o contractual, habría que entenderlas como no computables por no tratarse de ausencias al trabajo por motivos independientes de la voluntad del trabajador.

g) En cuanto a las excedencias voluntarias (incluidas las excedencias voluntarias por cuidado de hijos o de otros familiares), no existe duda alguna de la voluntariedad de estas ausencias, por lo que no deberían computarse a efectos de generar el derecho a las vacaciones.

h) En relación con el cierre legal de una empresa, si bien se trata de una situación suspensiva provocada por una decisión empresarial y, por ello, podría ser calificada de involuntaria para la persona trabajadora en el sentido literal del Art. 5.4 del Convenio 132 de la OIT, en la medida en que se trata del ejercicio de un derecho del empresario de respuesta a actuaciones de las personas trabajadoras (notorio peligro de violencia para las personas o daño grave para las cosas; ocupación ilegal del centro de trabajo o de sus dependencias; irregularidades en el trabajo que impidan gravemente el proceso normal de producción), cabría cuestionarse la aplicación en estos casos del Art. 5 del Convenio 132 de la OIT.

i) Respecto de las excedencias forzosas por ejercicio de un cargo público representativo o ejercicio de funciones sindicales representativas, no existe duda acerca de su carácter voluntario para la persona trabajadora, dado que nadie obliga a ésta a presentarse a las correspondientes elecciones o a aceptar la designación de un cargo público. Por ello, parece que no deberían computarse a estos efectos, siguiendo el tenor de la norma internacional.

j) Los permisos o licencias retribuidas de origen legal son también, como las excedencias forzosas, de carácter voluntario para la persona trabajadora y, por ello, excluibles del cómputo del trabajo efectivo para generar el derecho a las vacaciones, de acuerdo con el Convenio de la OIT. En este sentido se ha manifestado la jurisprudencia (por todas, SS.TS de 30 de abril de 1996 o de 13 de febrero de 1997).

k) En el caso de las huelgas, habría que distinguir entre las huelgas legales y las huelgas ilegales. En el segundo caso, dado el carácter de ausencia no justificada, su voluntariedad sería indubitada, no debiendo computarse a efectos de vacaciones. Pero, en el caso de una huelga legal, por tratarse del ejercicio de un derecho fundamental de las personas, pese a la voluntariedad de las personas trabajadoras, debería computarse a efectos vacacionales, si bien existan dudas interpretativas en la jurisprudencia d los tribunales.

l) Finalmente, ante el silencio legal, plantean dudas los permisos para la formación y el perfeccionamiento profesional del Art. 23,1 b) del ET. La remisión de este precepto a la negociación colectiva para la regulación de su régimen jurídico parece remitir la respuesta a esta cuestión a lo acordado en el convenio colectivo aplicable.

8. EL CONTROL INSTITUCIONAL DE LAS BAJAS POR INCAPACIDAD TEMPORAL DE LA PERSONA TRABAJADORA

Los sistemas de control institucional de la incapacidad temporal de la persona trabajadora son llevados a cabo por los Servicios Públicos de Salud (Arts. 2.3 y 4.1 y 2 del RD 625/2014, de 18 de julio) y por las Entidades Gestoras (INSS) y Colaboradoras (Mutuas patronales de accidentes de trabajo y enfermedades profesionales) de la Seguridad Social (Arts. 8 y 9 del RD 625/2014, de 18 de julio).

En este punto existe un debate abierto planteado por el Gobierno, y aún no cerrado, de enorme importancia e incidencia en el absentismo, referido a la introducción de las bajas médicas parciales y flexibles, lo que permitiría el retorno progresivo o gradual al trabajo, mediante jornadas parciales (combinando el trabajo con el tratamiento y la rehabilitación), el trabajo en días alternos o el teletrabajo[1], lo cual puede sin duda beneficiar a los tres sujetos implicados: a los trabajadores laboral y salariamente, a las empresas mediante el aumento de la productividad y a la Seguridad Social mediante la reducción de los enormes costos de la incapacidad temporal.

9. EL CONTROL EMPRESARIAL DE LAS BAJAS POR INCAPACIDAD TEMPORAL DE LA PERSONA TRABAJADORA

Los sistemas de control empresarial de las bajas por incapacidad temporal de la persona trabajadora reconocidos legalmente son la utilización de personal médico propio, el envío de *"visitadores médicos"* al domicilio de la persona trabajadora y el recurso a los detectives privados.

---

[1] Ver, en profundidad sobre el tema, M.M.CRESPI FERRIOL, La incapacidad temporal parcial y flexible. Apuntes para el diálogo social sobre el retorno al trabajo. Trabajo y Derecho. 2025. nº 122.

Durante la situación de incapacidad temporal, el empresario puede verificar el estado de la enfermedad/accidente alegado por la persona trabajadora para justificar la incapacidad temporal (Art. 20.4 del ET) mediante la utilización de personal médico propio y la negativa de la persona trabajadora a este reconocimiento médico (no así en caso de aceptación y posterior resultado adverso) *"podrá determinar la suspensión de los derechos económicos que pudieran existir a cargo del empresario por dichas situaciones"*. Lo cual significa:

1º) Que únicamente se suspenderán las mejoras voluntarias empresariales al subsidio por incapacidad temporal que eventualmente tuviera contraídas el empresario por convenio colectivo o por pacto individual con el trabajador, pero no el subsidio que por ley asume el empresario en régimen de pago delegado a partir del día decimosexto de baja o en régimen de responsabilidad directa del cuarto al décimoquinto día de baja.

2º) Que la negativa de la persona trabajadora a someterse al reconocimiento médico empresarial no constituye una desobediencia sancionable disciplinariamente por el empresario, protegiéndose en este caso el derecho a la intimidad de la persona trabajadora.

3º) Que, en el caso de contradicción entre los informes (diagnósticos y tratamientos) del médico de la empresa y del facultativo del Servicio Público de Salud, prevalecen los de éste último y el empresario ni podrá sancionar disciplinariamente a la persona trabajadora por transgresión de la buena fe contractual, ni podrá tampoco dejar de pagarle las mejoras voluntarias del subsidio, salvo que por convenio colectivo se hubiera condicionado la percepción de las mejoras al resultado positivo del control médico empresarial *"ex Art. 20.4 del ET"*, si bien incluso esto último resultaría discutible a la vista de los Arts. 1115 y 1256 del Código Civil, por dejar al arbitrio de una de las partes pactantes el cumplimiento de la obligación pactada, debiendo exigirse como mínimo para la validez del pacto colectivo concretas garantías de objetividad en la designación de los médicos que vayan a efectuar el control.

4°) Que los únicos recursos que le quedan a la empresa serán los de, o bien acudir a la Inspección Sanitaria del Servicio Público de Salud correspondiente que, *"de oficio o en virtud de la información recibida de las empresas o de los servicios médicos de las mismas"* puede llevar a cabo la verificación del estado de salud de la persona trabajadora durante la situación de incapacidad temporal, pudiendo confirmar la baja o emitir el alta médica con plenos efectos (Art. 1.1 de la OM de 21 de marzo de 1974), o bien acudir a la Inspección de Trabajo y Seguridad Social para denunciar aquellas actuaciones de las personas trabajadoras en situación de incapacidad temporal que entienda pueden ser consideradas como infracciones del orden social.

Por otra parte, las empresas pueden controlar la incapacidad temporal de las personas trabajadoras mediante el envío de *"visitadores médicos"* a su domicilio o recurriendo a los detectives privados, para que controlen la conducta de la persona trabajadora durante la situación de incapacidad temporal. En cualquiera de los casos, deberá respetarse el derecho a la intimidad de las personas trabajadoras (Art. 18 de la CE) (por todas, SS.TSJ de Baleares, de 17 de febrero de 1990, Ar/2561, de Andalucía/Sevilla, de 4 de mayo de 1992, Ar/4943 o de Galicia, de 1 de julio de 1992, Ar/3849).

De esta manera, los límites que un detective privado deberá respetar en su actuación serán básicamente los siguientes:

1°) En cuanto al lugar de la investigación, no podrá investigarse en el domicilio privado de la persona trabajadora, salvo que ésta hubiera montado un negocio en su propio domicilio, en cuyo caso el detective podría hacerse pasar por su cliente (por todas, SS.TSJ de Cataluña, de 18 de mayo de 1992, Ar/2857 o de Andalucía/Sevilla, de 4 de mayo de 1992, Ar/1231).

2°) Su actuación debe circunscribirse al principio de proporcionalidad, lo que significa limitar los días de vigilancia y que se desarrolle en la jornada laboral (STS de 13 de marzo de 2012, Rec. 1498/2011) y que se limite a aflorar algo previamente existente e independiente de su actuación (STS 20 de junio de 2017, Rec. 1654/2015).

3°) En cuanto a los medios a utilizar por el detective, la grabación
de la voz de la persona trabajadora y la captación de su imagen
constituyen, en principio, atentados contra el derecho a la intimidad de éste, según lo dispuesto en el Art. 7 de la Ley Orgánica 1/1982, de 5 de mayo, de protección civil del derecho al
honor, a la intimidad personal y familiar y a la propia imagen.
No obstante, la doctrina judicial viene admitiendo sin mayores problemas las captaciones de imagen efectuadas por los
detectives en su investigación (por todas, STSJ de Cataluña,
de 15 de febrero de 1994, Ar/574) y la grabación de conver-
saciones mantenidas por el detective con la persona trabajadora controlada, aunque aquél no se identificara como tal en
atención al interés empresarial perseguido (por todas, STSJ
de Navarra, de 2 de diciembre de 1993, Ar/5247). Grabaciones e imágenes sobre las que se debe guardar secreto, no utili-
zándose más allá de la finalidad de control laboral pretendida
(Arts. 48.3, 57.1 c) y 58.1 G) de la Ley 5/2014, de 4 de abril,
de Seguridad Privada).

4°) Procesalmente, los informes de los detectives tienen el simple
valor jurídico de prueba testifical impropia (por todas, SS.TS
de 13 de marzo de 1991, Rec. 320/1990 o de 15 de octubre de
2014, Rec. 1654/2013), debiendo personarse en el juicio per-
sonalmente y ratificar sus informes. Lo que supone, además,
la imposibilidad de su utilización para fundamentar en fase
de recurso la revisión de los hechos probados, dado que no
se tratará de pruebas autónomas sino de diligencias comple-
mentarias de la declaración testifical del detective (por todas,
SS.TS de 24 de febrero de 1992, Rec. 1059/1991 o de 15 de
octubre de 2014, Rec. 1654/2013).

10. EL CONTROL DE LOS PERMISOS
DE LA PERSONA TRABAJADORA

La ley, como exigencia de la buena fe contractual, establece dos
tipos de mecanismos de control de las ausencias de la persona trabajadora por permisos, retribuidos o no, a los que tenga derecho:

1ª) De una parte, antes de su disfrute, la persona trabajadora deberá preavisar al empresario de que va a hacer uso del correspondiente permiso, sin que, ciertamente, se concrete el mismo en el texto legal (Art. 37.3 del ET).

De no preavisarse con una cierta antelación al empresario, podrá entenderse que el tiempo de permiso constituye una ausencia injustificada al trabajo, sancionable disciplinariamente, desde luego, siempre que ello sea posible por razón de la causa y de las circunstancias concurrentes.

2ª) De otra parte, la necesaria presentación al empresario, si éste la requiriera, de la correspondiente justificación, posterior a su disfrute, de que se ha utilizado precisamente para la finalidad legalmente prevista (Art. 37.3 del ET; STS de 2 de octubre de 1989, Rec. 7090/1989). Entendiéndose, en el caso de negativa de la persona trabajadora a presentar la justificación del permiso, que se trata de ausencias injustificadas al trabajo, si bien se admita una cierta flexibilidad en cuanto a la justificación.

11. EL CONTROL DEL ABSENTISMO LABORAL INJUSTIFICADO EN EL DEROGADO ART. 52 D) DEL ET

El Art. 52 d) del ET establecía que el absentismo laboral injustificado, y aún el justificado en determinados casos, constituía una causa objetiva de extinción del contrato de trabajo, con un plazo de preaviso de 30 días (sustituible por el abono de los salarios correspondientes a los días de preaviso incumplidos) e indemnizada con 20 días de salario por año de servicio con el tope de 12 mensualidades (Art. 53 del ET). Hasta el año 2012, en que se derogó, se requería para la aplicación de este precepto, además de las faltas de asistencia de la persona trabajadora en los porcentajes establecidos, que existiera un cierto nivel de absentismo global en la empresa (del 5 por ciento).

A la vista de la literalidad de la norma legal, cabía señalar:

1º) En primer lugar, en cuanto al cómputo de las ausencias:

a) Se computaban solamente las faltas de asistencia y no las faltas de puntualidad, dado que el cálculo del porcentaje se refería a *"jornadas hábiles"*, esto es, a un *"módulo diario"* y no a un *"módulo horario"*.

b) Podían computarse tanto faltas al trabajo justificadas como injustificadas. Así, se computaban todas las faltas de asistencia injustificadas y las siguientes faltas de asistencia justificadas: las bajas por enfermedad o accidente no laboral no acordadas por los servicios sanitarios oficiales o las acordadas por ellos que tuvieran una duración de menos de veinte días consecutivos que no obedeciesen a un tratamiento médico de cáncer o enfermedad grave.

c) La ley excluía expresamente del cómputo una serie de ausencias justificadas al trabajo: las ausencias debidas a una huelga legal por el tiempo de duración de la misma; al ejercicio de actividades de representación legal de los trabajadores; a accidentes de trabajo y enfermedades profesionales; a situaciones de maternidad, riesgo durante el embarazo y lactancia; a enfermedades causadas por embarazo, parto o lactancia; a permisos y vacaciones; a enfermedad o accidente no laboral, cuando la baja hubiera sido acordada por los servicios sanitarios oficiales y tuviera una duración de más de veinte días consecutivos; a la situación física o psicológica derivada de violencia de género, acreditada por los servicios sociales de atención o servicios de salud, según proceda; y a las que obedecieran a un tratamiento médico de cáncer o enfermedad grave.

d) Existían una serie de ausencias justificadas al trabajo sobre las que criticablemente la ley guardaba silencio acerca de su computabilidad o no a los efectos del absentismo laboral pese a guardar una íntima relación con otras ausencias expresamente excluidas del cómputo por la ley. Tal sucedía con las *"excedencias voluntarias"* y las *"excedencias por cuidado de hijos y otros familiares"*, con determinados supuestos suspensivos (el *"cierre legal de empresa"*, la *"fuerza mayor temporal"*, las suspensiones por *"causas económicas, técnicas, organizativas o de producción"*, la *"excedencia forzosa por ejercicio de cargo público representativo"*, la *"privación de libertad del trabajador mientras no exista sentencia condenatoria", la "suspensión de empleo y sueldo por razones disciplinarias" y la suspensión por "mutuo acuerdo de las partes" o por "las causas consignadas válidamente en el contrato")* o con los supuestos de *"mora accipiendi empresarial"* del Art. 30 del ET.

e) Debería tratarse de faltas al trabajo intermitentes, esto es, reiteradas, aunque se debieran a una misma enfermedad (STS de 24 de octubre de 2006, Rec. 2247/2005) excluyéndose las aisladas o coyunturales, aunque superen los índices de absentismo legalmente señalados (STS de 7 de mayo de 2015, Rec. 533/2013).

2°) En segundo lugar, por lo que se refiere al índice de absentismo, la ley establecía dos posibilidades: bien un porcentaje mínimo del 20 por 100 en dos meses consecutivos siempre que el total de faltas de asistencia en los doce meses anteriores alcanzase el 5 por 100 de las jornadas hábiles; o bien un porcentaje del 25 por 100 en cuatro meses discontinuos dentro de un periodo de doce meses.

El carácter intermitente de las ausencias solo resultaba aplicable a la primera de las posibilidades legales de cómputo del índice de absentismo (STS de 7 de mayo de 2015, Rec. 533/2013).

Las bajas sucesivas por enfermedad de menos de 20 días consecutivos computaban, aunque todas juntas superasen ese umbral (STS de 24 de octubre de 2006, Ar/8104).

Los periodos mensuales debían computarse de fecha a fecha y no por meses naturales (STS de 9 de diciembre de 2010, Ar/238/2011).

No era necesario que todos los meses contemplados en el cómputo llegasen a los umbrales legalmente establecidos, bastando con que el número de faltas de asistencia se produjese al final de tales periodos (STS de 5 de octubre de 2005).

Para el cómputo del índice de absentismo jugaba el plazo general de prescripción de un año del Art. 59 del ET.

12. EL CONTROL DEL ABSENTISMO LABORAL INJUSTIFICADO A PARTIR DE LA DEROGACIÓN DEL ART. 52 D) DEL ET

Planteada una cuestión prejudicial ante el TJUE acerca de si el Art. 52 d) del ET se oponía a la Directiva 2000/78/CE, de 27 de noviembre, relativa al establecimiento de un marco general para la igualdad de trato en el empleo y la ocupación, la STJUE de 18 de enero de 2018 resolvió la cuestión de una manera ambigua, considerando *"atentatoria de la Directiva despedir a un trabajador debido a faltas de asistencia al trabajo, aún justificadas pero intermitentes, cuando tales ausencias sean consecuencia de enfermedades atribuibles a la discapacidad de ese trabajador, salvo que dicha normativa tenga la finalidad legítima de combatir el absentismo y no vaya más allá de lo necesario para causar esa finalidad, lo cual corresponde evaluar al órgano jurisdiccional remitente"*.

Para la evaluación de la razonabilidad de la ley por el juez, la propia STJUE proporcionaba una serie de elementos que éste deberá tener en cuenta:

1°) Respecto de la existencia de una finalidad legítima, el TJUE entiende que combatir el absentismo laboral lo es dado que se trata de una medida de política de empleo.

2°) En cuanto a si los medios aplicados por la normativa nacional para conseguir esa finalidad son adecuados y no van más allá de lo necesario para alcanzarla, la STJUE establece una serie de criterios a considerar:

a) Si los datos numéricos recogidos en el Art. 52 d) del ET se han concebido efectivamente para responder a la finalidad de combatir el absentismo laboral, sin incluir ausencias meramente puntuales y esporádicas.

b) Los costes directos e indirectos que han de soportar las empresas como consecuencia del absentismo laboral.

c) Si el Art. 52 d) del ET incentiva a los empresarios a contratar y mantener el puesto de trabajo.

d) El perjuicio que puede ocasionar a las personas a que se refiere.

e) El riesgo de las personas discapacitadas, que en general encuentran más dificultades que las personas trabajadoras sin discapacidad para reincorporarse al mercado de trabajo y tienen necesidades específicas ligadas a la protección que requiere su estado, dado que las faltas de asistencia excluidas del Art. 52 b) del ET no cubren la totalidad de las situaciones de *"discapacidad"*.

Después del Real Decreto-ley 4/2020, de 18 de febrero, convertido en la Ley 1/20220, de 15 de julio, que derogó el Art. 52 b) del ET[2], el absentismo justificado no podrá constituir una causa de extinción contractual, reconduciéndose únicamente el absentismo injustificado a la causa de despido disciplinario del Art. 54.2 a) del ET, que considera incumplimiento contractual *"las faltas repetidas e injustificadas de asistencia al trabajo"*, considerándolas incumplimientos contractuales que, de ser graves y culpables, permitirán al empresario despedir disciplinariamente a una persona trabajadora o, en su caso, poder imponerle una sanción disciplinaria menor, de acuerdo con la tabla de faltas y sanciones laborales establecida en el convenio colectivo aplicable.

A partir de este precepto, ha sido la jurisprudencia la que ha elaborado una doctrina interpretativa acerca de esta causa de sanción disciplinaria. Así:

a) Se considera *"falta de puntualidad"* llegar tarde al trabajo, marcharse antes de lo debido o ausentarse durante la jornada laboral (por todas, SS.TS de 2 de julio de 1986, Rec. 3927/1986 o de 19 de octubre de 1990, Rec. 7932/1990).

b) En cuanto a la gravedad del incumplimiento del trabajador:

– La concreción de la gravedad corresponde al convenio colectivo aplicable (STS de 27 de marzo de 1990, Rec. 2349/1990).

– La gravedad no depende sólo de la reiteración en el tiempo, sino que se han de tener en cuenta los efectos produci-

---

[2]   Para una crítica a la derogación del Art. 54.2 a) del ET, ver A. ARIAS DOMÍN-GUEZ. Control del absentismo y control de las bajas por incapacidad temporal: circunstancias deseablemente diferentes. Revista de Jurisprudencia Laboral. Número 3/2024.

dos en la empresa, admitiéndose la "*tesis gradualista*" (STS de 20 de diciembre de 1985, Rec. 6160/1985).

- Una sola falta no puede ser causa de despido, siendo frecuente la exigencia de tres o más faltas (STS de 20 de mayo de 1987, Rec. 3752/1987).

- El hecho de que las ausencias anteriores hayan sido sancionadas constituye una circunstancia agravante (STS de 26 de diciembre de 1990).

- La reincidencia no constituye una doble penalización sino un agravamiento de la conducta (STS de 22 de abril de 1982, Rec. 2503/1982).

c) En cuanto a la culpabilidad de la persona trabajadora:

- La tolerancia anterior con las faltas de asistencia o puntualidad, con base en la buena fe contractual, exige de la empresa una previa advertencia para poder sancionar (STS de 20 de febrero de 1991, Rec. 854/1990).

- En general, la justificación de la ausencia debe presentase antes de la ausencia, si bien se admite la justificación "*a posteriori*" (STS de 23 de junio de 1986, Rec. 3705/1986), siempre que la tardanza esté justificada ("*cuando no fuese factible el previo aviso*").

- Se producen determinadas faltas de puntualidad al trabajo que, sin estar previstas por la ley o por el convenio colectivo aplicable y no ser por ello legal o convencionalmente justificadas, para las que existe no obstante una "*justificación*" que viene comúnmente aceptada por el empresario, no procediendo al despido de la persona trabajadora o a imponerle otra sanción inferior. Se trata de las "*visitas al médico*" sin que se produzca posteriormente una baja o al "*acompañamiento*" por parte de la persona trabajadora al hijo o familiares al médico. En ocasiones, estas ausencias están previstas y reguladas en el convenio colectivo aplicable, en cuyo caso habrá que estar a lo que en él se establezca. En otras, en cambio, no están reguladas convencionalmente y se dejan a la libre tolerancia empresarial su aceptación a efectos de no sanción disciplinaria.

Parte segunda
EL TRATAMIENTO LEGAL DEL ABSENTISMO PRESENCIAL

13. EL ABSENTISMO PRESENCIAL JUSTIFICADO

El absentismo presencial de la persona trabajadora puede estar justificado en dos supuestos: por causa imputable al empresario y por causa de fuerza mayor.

A) Por causa imputable al empresario: para el caso de que la persona trabajadora, estando a disposición del empresario, no pudiera realizar su trabajo *"por causa imputable al empresario"* y el contrato estuviese vigente y en activo (no si está suspendido o extinguido conforme a derecho) (STS de 13 de diciembre de 1990, Ar/9783), el trabajador mantendrá su derecho al salario, *"sin que pueda hacérsele compensar el que perdió con otro trabajo realizado en otro tiempo"*, trabajo que en el caso de producirse sería *"extraordinario"* (Art. 30 del ET), configurándose la situación como un supuesto de *"mora accipiendi"* empresarial del Art. 1124 del Código Civil basado en la doctrina del riesgo empresarial, al incumplir el empresario la obligación contractual de *"dar ocupación efectiva al trabajador"* (Art. 4.2 a) del ET) (SS. TS de 22 de diciembre de 2000. Rec. 1438/2000, de 20 de junio de 1995, Rec. 2440/1994 o de 22 de junio de 1996, Rec. 3985/1994).

Esto sucederá, por ejemplo, en los supuestos de suspensión gubernativa del centro de trabajo por razones de prevención laboral (Art. 53 de la LPRL), de paralización de los trabajos en una empresa por la Inspección de Trabajo, por los representantes de las personas trabajadoras o por las propias personas trabajadoras individuales por razones preventivas (Art. 44.2 de la LPRL) o con el cierre patronal ilegal (Art. 15, in fine del RDLRT).

B) Por causa de fuerza mayor: el absentismo presencial *"por causa de fuerza mayor"* viene configurado en la ley como un permiso *"cuando sea necesario por motivos familiares urgentes relacionados con familiares o personas convivientes, en caso de enfermedad o accidente que hagan indispensable su presencia inmediata"* (Art. 37. 9 del ET), como abandono del trabajo por riesgo grave e inminente (Art. 21 de la LPRL) o como un supuesto de suspensión del contrato, exigiéndose para ello la previa autorización administrativa de la autoridad laboral competente (Arts. 45.1.i) y 47.2 del ET).

Desde luego, no resulta fácil en la realidad de los hechos distinguir claramente entre los supuestos de imputación empresarial atribuibles al empresario y los atribuibles a una fuerza mayor y, por ello, causa de una suspensión del contrato.

En todo caso, la jurisprudencia se manifiesta restrictiva a la hora de aplicar el Art. 30 del ET. Así, por ejemplo, en los casos de retrasos de las personas trabajadoras en la entrada al trabajo por causa de una huelga de otras personas trabajadoras de distinta empresa (STS de 20 de junio de 1995, Rec. 2440/1994, denegando la aplicación del Art. 30 del ET a este supuesto) o en los casos de destrucción de los locales de la empresa desapareciendo esta última (STS de 17 de abril de 1989, denegando igualmente la aplicación del Art. 30 del ET a este supuesto).

En todo caso, la jurisprudencia, para calificar un supuesto de fuerza mayor, exige la concurrencia de los siguientes elementos (por todas, SS.TS de 23 de junio de 2003, Rec. 2443/1999 o de 25 de noviembre de 2008. Rec. 117/2006):

a) Un acontecimiento externo al círculo de la empresa.

b) Del todo independiente de la voluntad del empresario.

c) Que sea imprevisible.

En el caso de los permisos por fuerza mayor derivada de motivos familiares urgentes, *"las personas trabajadoras tendrán derecho a que sean retribuidas las horas de ausencia por las causas previstas en el presente apartado equivalentes a cuatro días al año, conforme a lo establecido en convenio colectivo o, en su defecto, en acuerdo entre la empresa y la representación legal de las personas trabajadoras aportando las personas trabajadoras, en su caso, acreditación del motivo de ausencia"* (Art. 37.9 del ET).

En los supuestos suspensivos del contrato por fuerza mayor, la persona trabajadora no tendrá derecho a la retribución, pasando en su caso a cobrar las prestaciones de la Seguridad Social.

14. EL CONTROL EMPRESARIAL DEL ABSENTISMO PRESENCIAL MEDIANTE EL REGISTRO HORARIO

El absentismo presencial de las personas trabajadoras es controlable por el empresario mediante el registro horario.

En este sentido, la exigencia empresarial de que las personas trabajadoras fichen al entrar y al salir del trabajo constituye una práctica legal, conforme a lo dispuesto en el Art. 20.3 del ET, constituyendo la obligación de fichaje por parte de las personas trabajadoras un sistema de control que, desde luego, no atenta a su *"dignidad humana"*.

14.1. La situación normativa anterior al Real Decreto-Ley 8/2019

El Real Decreto-Ley 8/2019, de 8 de Marzo, modificó el Art. 34 del ET, estableciendo la obligación del registro diario obligatorio de la jornada laboral ordinaria, si bien no existía un reglamento de desarrollo del mismo sino tan solo recomendaciones en una Guía del Ministerio de Trabajo, Migraciones y Seguridad Social el 13 de Mayo de 2019 y en el Criterio Técnico 101/2019 de la Inspección de Trabajo y Seguridad Social en materia de registro de jornada laboral, para las actuaciones inspectoras.

Hasta entonces, solamente eran obligatorios, con carácter general, el registro de las jornadas diarias de las personas trabajadoras con un contrato de trabajo a tiempo parcial (Art. 12.4 c) del ET) y el registro de las horas extraordinarias (Art. 35 del ET) y, con carácter parcial, el registro de determinadas personas trabajadoras (trabajadores móviles, trabajadores de la marina mercante y trabajadores que realizan servicios de interoperabilidad transfronteriza en el transporte ferroviario: RD 1561/1995 sobre jornadas especiales) y los registros de jornada en los desplazamientos transnacionales (Art. 6 de la Ley 45/1999).

En todo caso, la Inspección de Trabajo y Seguridad Social, en su Instrucción 3/2016, sobre intensificación del control del tiempo de trabajo y horas extraordinarias, ya había considerado obligatorio el control empresarial de la jornada ordinaria, como medida necesaria para poder controlar las horas extraordinarias realizadas (Sentencia de la Audiencia Nacional de 19 de Febrero de 2016 estableciendo su obligatoriedad, anulada por la STS 338/2017, de 20 de Abril, Rec. 116/2016; en el mismo sentido, la STS 246/2017, de 27 de Mayo, Rec. 81/2016).

La jurisprudencia europea, con base en el Art. 31.2 de la Carta Social de Derechos Fundamentales de la Unión Europea, la Directiva 391/1989 Marco en materia de seguridad y salud laboral y la Directiva 88/2003, sobre tiempo de trabajo, con la finalidad de proteger eficazmente la seguridad y salud laboral, también había establecido el deber de control de la jornada efectivamente realizada (STJUE de 14 de mayo de 2019). Esta STJUE afirma que las normas europeas no reconocen, con carácter general, expresamente, una obligación de registro de la jornada de trabajo, salvo casos especiales sectoriales. Pero, a la vez, el Tribunal Europeo declara que un sistema de cómputo del tiempo de trabajo efectivo es necesario para garantizar los derechos de descanso de la Directiva 88/2003, conectados con el Art. 31 de la Carta Social de Derechos Fundamentales de la Unión Europea y con la protección de la salud del trabajador garantizada y que se opone a la Directiva *"la normativa de un Estado miembro que no imponga a los empresarios la obligación de establecer un sistema que permita computar la jornada laboral diaria realizada por cada trabajador"*. El cómputo fiable de tiempo de trabajo efectivo es, por tanto, una obligación instrumental necesaria para hacer efectivos estos derechos de tiempo de trabajo y para, en definitiva, también diferenciar las horas ordinarias de las extraordinarias.

En este contexto, parecía inevitable, como así fue, incorporar a nuestro ordenamiento laboral un deber general empresarial de registro horario, como efectúa, tras la Reforma de 2019, el nuevo Art.34.9 ET.

14.2. *La situación normativa posterior al Real Decreto-Ley 8/2019*

A partir del 12 de Mayo de 2019, fecha de entrada en vigor del Real Decreto-Ley, con la finalidad de facilitar a la Inspección de Trabajo y Seguridad Social el control de los abusos en materia de jornada laboral como único modo de controlar los abusos en las horas extraordinarias y, también, para controlar el absentismo, externo e interno de las personas trabajadoras, el registro diario de la jornada laboral ordinaria deja de estar dentro del poder organizativo empresarial de carácter facultativo y se convierte en una verdadera y propia obligación empresarial.

El nuevo precepto legal resulta, sin embargo, ambiguo e inconcreto y generador de importantes dudas interpretativas, dada la gran variedad de formas organizativas empresariales del tiempo de trabajo, siendo importante en su solución la Guía del Ministerio de Trabajo y de los Criterios de la Inspección de Trabajo y Seguridad Social.

El Art. 4.9 del ET se aplica a la totalidad de las personas trabajadoras dependientes y por cuenta ajena del Art. 1.1 del ET, al margen de su grupo profesional, cualquiera que sea su contrato de trabajo (temporal o indefinido, a tiempo total o a tiempo parcial, común o en formación), en todo tipo de empresas de cualquier sector de actividad (públicas o privadas; grandes, medianas o pequeñas; cualquiera que sea su organización del trabajo, incluyendo a los teletrabajadores y, en general, a las personas trabajadoras a distancia) y con independencia de su tipo de jornada y de sus condiciones de flexibilidad.

Quedan así excluidos de la aplicación del Decreto-Ley 8/2019:

1°) Los funcionarios públicos y el personal estatutario previsto en el Art. 1.3 a) del ET. No así el personal laboral de las Administraciones Públicas ya sea fijo, indefinido o temporal (Art. 8.2 c) del EBEP)

2°) Las relaciones laborales de carácter especial, en cuyo caso *"habrá que estar a lo establecido en su normativa específica"*:

– Claramente, el personal de alta dirección –cuyo tiempo de trabajo será el fijado en el contrato (Arts. 3.2 y 7 del RD 1382/1985), los representantes de comercio, no sujetos a jornada ni a horarios (Art. 4.1 del RD 1438/1985) o los penados que realicen trabajos en instituciones penitenciarias (Art. 17 del RD 782/2001).

– Mayores dudas plantean otras relaciones laborales especiales: empleados del hogar familiar, artistas en espectáculos públicos o abogados. Probablemente estén excluidos los empleados del hogar, por cuanto se encuentran expresamente excluidos del control de las horas extraordinarias (Art. 3 del RD 1620/2011) e incluidos los artistas y los abogados, por cuanto su normativa especial se remite a los límites de la jornada del ET (Arts. 8 del RD 1435/1985 y 14.1 del RD 1331/2006, respectivamente).

3º) Las personas trabajadoras que cuentan con un régimen específico o particular en materia de registro de jornada: las personas trabajadoras con un contrato de trabajo a tiempo parcial, las personas trabajadoras móviles, las personas trabajadoras de la marina mercante, las personas trabajadoras que realizan servicios de interoperabilidad transfronteriza en el transporte ferroviario y los desplazados transnacionalmente.

4º) Otras relaciones de trabajo excluidas del ámbito de aplicación del ET, tales como la de los socios trabajadores de cooperativas o la de los trabajadores autónomos.

5ª) En las empresas de trabajo temporal, corresponderá a la empresa usuaria el cumplimiento del deber de registro diario de la jornada ya que, conforme al Art. 15.1 de la Ley 14/1994, corresponden a ésta las facultades de dirección y control de la actividad laboral durante el tiempo de prestación de los servicios. Ahora bien (Art. 12.1 de la Ley 14/1994), la ETT y la empresa usuaria deberán establecer el procedimiento de aportación de los registros de ésta a aquella para el cumplimiento de sus obligaciones, sin que ello conculque la Ley Orgánica 3/2018, de protección de datos personales y garantía de los derechos digitales (Art. 11.3).

6º) En la subcontratación (Art. 42 ET), dado que el control de la actividad permanece en la empresa contratista o subcontratista, ésta última será la responsable del cumplimiento de las obligaciones relativas al registro diario de jornada y no la empresa principal. No obstante, cuando las personaa trabajadores de la empresa contratista presten su actividad en la empresa principal, ambas empresas podrán acordar servirse de los sistemas de registro diario de jornada empleados en la empresa principal para sus personas trabajadoras, aunque debiendo justificar las razones de esta opción, so pena de que tal actuación de la empresa principal venga a constituir un indicio de que existe una o cesión ilegal de personas trabajadoras. En todo caso, será obligación de la contratista conservar y mantener la documentación de los registros diarios realizados.

7º) En el caso de los grupos de empresas, en principio, cada empresa controlará la jornada de sus personas trabajadoras, si bien en los casos de *"confusión de plantillas"* habrá que distinguir según se trabaje simultáneamente en varias empresas del grupo o sucesivamente. En el primer caso debería registrar la empresa que contrató a la persona trabajadora, mientras que en el segundo caso la obligación de registro corresponderá a la empresa donde efectivamente realice su trabajo, aunque mantenga el vínculo contractual con otra empresa del grupo.

Todas las empresas vienen, en consecuencia, obligadas a llevar un registro de la jornada diaria de trabajo en el que se recojan los horarios de inicio y fin de cada jornada laboral para cada uno de los días trabajados. En virtud del Art. 34.9 del ET, la empresa *"garantizará"* el *"registro diario de jornada"*, abriendo a tal efecto una consulta con los representantes legales de las personas trabajadoras, que puede concluir o no en un acuerdo colectivo.

Como aclara el Informe Técnico de la Inspección de Trabajo 101/2019, el registro de jornada del Art. 34.9 ET debe tener, como mínimo, *"la hora de inicio y finalización de la jornada"* y tiene que ser *"diario"* e individualizado a los efectos de controlar la jornada efectiva de cada persona trabajadora en la empresa. Tiene que responder a un *"sistema objetivo, fiable, accesible y veraz"* de cómputo de la jornada. El sistema debe computar, con fiabilidad, el *"tiempo de trabajo efectivo"* de cada jornada diaria para verificar el cumplimiento de la jornada máxima convencional o legal y, en su caso, la realización de horas extraordinarias. El registro horario, en consecuencia, debe constatar las pausas y descansos de las personas trabajadoras para medir el tiempo efectivo real.

El registro diario es, por otra parte, compatible con la *"flexibilidad horaria"*, como literalmente menciona el Art. 34.9 del ET. La remisión a las normas de distribución irregular de la jornada del Art.34.2 del ET no ofrece dudas. Los sistemas de distribución irregular de la jornada, así como las bolsas convencionales de horas flexibles deben quedar reflejados en el registro horario.

La organización del registro horario se suele pactar con la representación legal de las personas trabajadoras y, en su defecto, se establece unilateralmente por la empresa.

Se podrá establecer un sistema analógico o digital. El registro diario puede ser clásico, con control presencial de horario de inicio y finalización en centro de trabajo, o utilizando medios analógicos o digitales, incluyendo los medios telemáticos con sistemas de control remoto, en ordenador, móvil o geolocalización, siendo válido cualquier sistema apto para cumplir el objetivo legal, esto es, para proporcionar información objetiva, fiable, accesible, inmodificable y no manipulable a posteriori, ya sea por el empresario o por la propia persona trabajadora.

En el supuesto de que el sistema de registro establecido requiera el acceso a dispositivos digitales o el uso de sistemas de videovigilancia o geolocalización, deben respetarse en todo caso los derechos de las personas trabajadoras a la intimidad previstos en la Ley Orgánica 3/2018 de Protección de Datos Personales y Garantía de los Derechos Digitales.

La clave de un registro horario legal es que mida adecuadamente el *"tiempo de trabajo efectivo"* de los trabajadores entendiendo por tal, como ha puesto de relieve la Directiva Comunitaria 2003/88, *"todo período durante el cual el trabajador permanece en su trabajo a disposición del empresario y en ejercicio de su actividad o funciones"*.

Con esta regla general, sin perjuicio de los acuerdos concretos, será tiempo de trabajo efectivo el de la prestación laboral, dentro y fuera del centro de trabajo, los tiempos de disposición a la empresa aún sin trabajar (guardias presenciales o localizadas de máxima disponibilidad o tiempos sin actividad a la espera de llegada de clientes), los tiempos de desplazamiento desde el centro de trabajo con finalidad laboral durante la jornada, la participación en eventos de la empresa, la formación interna recibida a cargo de la empresa y los tiempos exigidos para la prevención de riesgos laborales (reconocimientos médicos o cambios de ropa). Al contrario, no será tiempo de trabajo efectivo el dedicado a los descansos legal y convencionalmente reconocidos y cualquier tipo de pausa durante la jornada, salvo pacto en contrario. Esto sucede con las pausas *"para el bocadillo"* o de disposición personal, las salidas del centro por motivos personales, los tiempos en zonas empresariales de deporte o descanso, el tiempo para fumar o el tiempo de la comida, sin perjuicio de lo acordado en negociación colectiva.

La Guía Práctica del Ministerio de Trabajo admite un sistema de cómputo del tiempo de trabajo efectivo con un factor corrector asociado a los descansos y pausas de la persona trabajadora. Esta fórmula evita tener que registrar cada día los descansos y pausas reconocidos por el Art. 34 del ET, la negociación colectiva o la empresa, y contabiliza el inicio y final de entrada en el centro de trabajo con un descuento automatizado de ese tiempo no efectivo de trabajo. La SAN 126/2019 de 29 de octubre de 2019 admite, en esta línea, un acuerdo colectivo de registro horario con factor corrector, lo que ha sido confirmado por la STS de 5 de abril de 2022, Rec.7/2020.

Los criterios judiciales de admisión de estos sistemas con factor corrector son los siguientes:

a) En primer lugar, el principio de inmodificabiidad convencional, esto es, el acuerdo colectivo o protocolo unilateral de registro horario con factor corrector no debe modificar las cláusulas convencionales de tiempo de trabajo.

b) En segundo lugar, el principio de adecuación a la realidad, según el cual el acuerdo colectivo o protocolo de registro horario con factor corrector debe responder a la realidad de los descansos que son descontados en el sistema, con cláusula de salvaguarda si consta un descanso distinto que deba ser acreditado.

c) Finalmente, el principio de indemnidad del trabajador, según el que el acuerdo colectivo o protocolo de registro horario con factor corrector garantiza la indemnidad de la persona trabajadora, pues la empresa se compromete a no utilizarlo como medida disciplinaria cuando dé como resultado una jornada inferior a la comprometida.

Por lo demás, la norma exige que la empresa conserve los datos consignados en los registros diarios durante un periodo mínimo de cuatro años, debiendo estar, a disposición de las personas trabajadoras (a diferencia del registro salarial), de sus representantes legales y de la Inspección de Trabajo y Seguridad Social en cualquier momento que éstos lo soliciten.

En cuanto a la obligación de entrega o forma concreta de puesta a disposición, no existe una obligación de entrega de las copias, salvo pacto expreso en contrario.

Será válido cualquier medio de conservación siempre que se garantice su preservación y la fiabilidad e invariabilidad de su contenido y la accesibilidad al mismo para las personas trabajadoras, sus representantes legales y la Inspección de Trabajo y Seguridad Social, no siendo necesario que se mantenga el Registro en el centro de trabajo, siempre que pueda ser consultado en el momento en que se solicite.

El incumplimiento del deber legal de registro diario de jornada puede ser objeto de una sanción administrativa, conforme a los Arts.7.5 y 40.1 b) de la LISOS, de 626 a 6250 euros, con la graduación establecida en el Art. 39 de la LISOS. La graduación tendrá en cuenta el número de centros de trabajo y de personas trabajadoras afectadas (Art. 39 de la LISOS). La reiteración se gradúa también a efectos sancionadores. Al ser una obligación de tracto sucesivo, se puede volver a sancionar de manera reiterada, pudiendo la Inspección requerir a la empresa continuamente hasta que cumpla.

Los supuestos posibles de incumplimiento empresarial de la obligación de registro de la jornada laboral ordinaria son:

– La ausencia total de registro o su inadecuación.

– La manipulación o falsificación del registro o su falta de fiabilidad.

- El incumplimiento en la temporización diaria del registro.
- La negociación de mala fe con los representantes de las personas trabajadoras de la organización y documentación del registro por parte de la empresa.
- La ausencia de consulta previa a los representantes de las personas trabajadoras en el caso de decisión unilateral de la empresa por fracaso de la negociación.
- La falta de conservación del registro durante cuatro años.
- La falta de puesta a disposición del registro a las personas trabajadoras, a sus representantes legales o a la Inspección de Trabajo y Seguridad Social.

Por otra parte, un registro mal diseñado puede dar lugar a otro tipo de sanciones administrativas: por superar el límite de horas extras (Art. 7.5 de la LISOS), por superar la jornada máxima legal o convencional (Art. 7.5 de la LISOS), por incumplir las reglas de distribución irregular de jornada (Art. 7.5 de la LISOS), por no pagar horas extras (Art. 7.5 de la LISOS), por no comunicar las horas extras a los representantes legales de las personas trabajadoras (Art. 7.7 de la LISOS) o por no constar en el recibo las horas extras (Art. 7.3 de la LISOS). Además, el Inspector de Trabajo puede abrir actas de liquidación de horas extras no cotizadas

Por lo demás, a efectos procesales, la ausencia de registro altera la carga de la prueba (Art.217. 2 y 6 de la LEC), no siendo de la persona trabajadora sino de la empresa. En las reclamaciones judiciales de horas extraordinarias no pagadas existe ya una presunción favorable a la persona trabajadora si no hay registro diario de jornada o si éste es defectuoso, debido al incumplimiento de esta obligación legal.

15. EL CONTROL EMPRESARIAL DEL ABSENTISMO PRESENCIAL A TRAVÉS DE MEDIOS PERSONALES

El empresario podrá utilizar *"personal de vigilancia"* para controlar el trabajo realizado por las personas trabajadoras, si bien respetando la *"dignidad humana"* de éstos (Art. 20.3 del ET), lo que se traduce en la prohibición del *"espionaje empresarial"*:

1º) El personal de vigilancia deberá ser personal interno de la empresa y conocido de las personas trabajadoras.

2º) No cabrá utilizar a otras personas trabajadoras con funciones de *«confidentes»* de la empresa, que no tuvieran reconocidas abierta y contractualmente funciones de vigilancia.

3º) El personal de vigilancia solamente podrá controlar la conducta laboral de la persona trabajadora y no aquellos otros aspectos de su vida privada ajenos a la prestación de trabajo.

De tratarse de *"vigilantes jurados"*, solamente podrán actuar para la protección de las personas y los bienes de la empresa, teniendo prohibida la intervención en los problemas laborales de las personas trabajadoras (Arts. 8.4 a) y 32.2 de la Ley 5/2014, de 4 de abril; STSJ de Madrid, de 10 de febrero de 2011, Rec. 365/2011).

16. EL CONTROL EMPRESARIAL DEL ABSENTISMO PRESENCIAL A TRAVÉS DE MEDIOS TECNOLÓGICOS

Los medios tecnológicos de control de la persona trabajadora son ciertamente más precisos que los medios personales, por cuanto permiten conocer el número de operaciones efectuadas, el número de errores cometidos, el tiempo empleado y el número, la frecuencia y la duración de las interrupciones.

En cuanto a los controles audiovisuales, se encuentran lógicamente prohibidas las *"intromisiones ilegítimas"* (grabación, registro o reproducción de la vida íntima de las personas, mediante aparatos de escucha, dispositivos ópticos o cualquier otro medio) (Arts. 7.1 y 2 de la Ley 1/1982 y 197 del Código Penal).

La jurisprudencia constitucional y ordinaria se ha planteado esta cuestión con base, primero, en el derecho a la intimidad (Art. 18.1 de la CE) y, más tarde, en el derecho a la protección de datos personales (Art. 18.4 de la CE), incurriendo en ocasiones en contradicciones difícilmente justificables.

Así, inicialmente, las SS.TC 98/2000, de 10 de abril y 186/2000, de 10 de julio, consideraron que la utilización de las videocámaras afecta al derecho a la intimidad y requiere por ello verificar la proporcionalidad de la medida empresarial. Sólo si ésta justificada (existencia de sospechas de actuaciones perjudiciales para la empresa), es necesaria (solo utilizable si no existe otro medio de cumplir dicha finalidad) y es idónea (se dirija únicamente a la verificación de la infracción en una determinada zona, sin invadir otras) y equilibrada, el derecho a la intimidad no se considera vulnerado, prohibiéndose en consecuencia la instalación de cámaras en zonas de esparcimiento o privadas (comedores, aseos, vestuarios o locales sindicales).

Más tarde, las SS.TC 29/2013, de 11 de febrero, 292/2000, de 30 de Noviembre, y 39/2016, de 3 de marzo, señalarán que la captación de imágenes supone un tratamiento de datos personales y que por ello es necesaria la información previa y expresa, precisa, clara e inequívoca a los interesados de la finalidad de control de la actividad laboral a la que la captación de imagen puede ser dirigida, especificando en qué casos las grabaciones pueden ser examinadas, durante cuánto tiempo, con qué propósitos y, en particular, los disciplinarios. En este mismo sentido se manifestarán las SS.TS de 13 de mayo de 2014, Rec. 1685/2013, de 7 de julio de 2016, Rec. 3233/2014, de 31 de enero de 2017, Rec. 3331/2015, de 1 de febrero de 2017, Rec. 3262/2015 y de 2 de febrero de 2017, Rec. 554/2016.

Actualmente, el Art. 89.1 de la Ley Orgánica 3/2018, de 5 de diciembre, de Protección de Datos, establece que los empresarios podrán controlar a las personas trabajadoras a través de cámaras y videocámaras de acuerdo con lo dispuesto en el Art. 20.3 del ET, esto es, siempre que estas funciones se ejerzan dentro de su marco legal y con los límites inherentes al mismo, debiendo informar con carácter previo, y de forma expresa, clara y concisa, a las personas trabajadoras, acerca de esta medida. Ahora bien, en el supuesto de que las imágenes hubieran captado la comisión flagrante de un acto ilícito por las personas trabajadoras, se entenderá cumplido el deber de informar cuando existiese al menos el dispositivo al que se refiere el Art. 22.4 de la Ley orgánica (la colocación de un dispositivo informativo en lugar suficientemente visible identificando, al menos, la existencia del tratamiento, la identidad del responsable y la posibilidad de ejercitar los derechos).

En ningún caso se admitirá la instalación de sistemas de grabación de sonidos ni de videovigilancia en lugares destinados al descanso o esparcimiento de las personas trabajadoras, tales como vestuarios, aseos, comedores y análogos (Art. 89.2).

La utilización de sistemas para la grabación de sonidos en el lugar de trabajo se admitirá únicamente cuando resulten relevantes los riesgos para la seguridad de las instalaciones, bienes y personas derivados de la actividad que se desarrolle en el centro de trabajo y siempre respetando el principio de proporcionalidad, el de intervención mínima y las garantías previstas en los apartados anteriores. La supresión de los sonidos conservados por estos sistemas de grabación se realizará atendiendo a lo dispuesto en el Art. 22.3 de la Ley, esto es, los datos serán suprimidos en el plazo máximo de un mes desde su captación, salvo cuando hubieran de ser conservados para acreditar la comisión de actos que atenten contra la integridad de personas, bienes o instalaciones. En tal caso, las imágenes deberán ser puestas a disposición de la autoridad competente en un plazo máximo de setenta y dos horas desde que se tuviera conocimiento de la existencia de la grabación (Art. 89.3).

Igualmente, los empleadores podrán tratar los datos obtenidos a través de sistemas de geolocalización para el ejercicio de las funciones de control de las personas trabajadoras previstas en el Art. 20.3 del ET, siempre que estas funciones se ejerzan dentro de su marco legal y con los límites inherentes al mismo, debiendo informar los empleadores con carácter previo, y de forma expresa, clara e inequívoca a las personas trabajadoras y, en su caso, a sus representantes, acerca de la existencia y características de estos dispositivos. Igualmente deberán informarles acerca del posible ejercicio de los derechos de acceso, rectificación, limitación del tratamiento y supresión (Art. 90).

Los convenios colectivos podrán establecer garantías adicionales de los derechos y libertades relacionados con el tratamiento de los datos personales de las personas trabajadoras y la salvaguarda de derechos digitales en el ámbito laboral (Art. 91).

17. EL CONTROL DEL ABSENTISMO PRESENCIAL INJUSTIFICADO

El absentismo presencial injustificado podrá ser reconducible a las causas de despido disciplinario establecidas en el Art. 54.2 b) (la indisciplina o desobediencia en el trabajo), d) (la transgresión de la buena fe contractual así como el abuso de confianza en el desempeño del trabajo) o e) (la disminución continuada y voluntaria en el rendimiento del trabajo normal o pactado) del ET, considerándolas incumplimientos contractuales que, de ser graves y culpables, permitirán al empresario despedir disciplinariamente a una persona trabajadora o, en su caso, poder imponerle una sanción disciplinaria menor, de acuerdo con la tabla de faltas y sanciones laborales establecida en el convenio colectivo aplicable. Así:

A) Respecto de la disciplina y obediencia de la persona trabajadora, la jurisprudencia ha señalado que "la indisciplina configuradora del despido ha de ser clara, abierta, grave, sin motivo ni fundamento alguno, pues si concurre una causa de justificación ha de merecer un tratamiento más suave que la sanción consistente en la resolución laboral de la relación" (por todas, SS.TS de 26 de abril de 1988 o de 24 de febrero de 1990).

En cuanto a si es necesario que la orden empresarial sea legítima para que la desobediencia sea justificativa de un despido o de una sanción disciplinaria menor, no existe en este punto una jurisprudencia uniforme, aunque la línea de tendencia mayoritaria es la de admitir el despido en los casos de desobediencia a órdenes empresariales no legítimas —sin perjuicio del derecho a reclamar judicialmente contra el empresario (STSJ de Canarias/Las Palmas de 31 de enero de 2005)— salvo que "por su naturaleza y significación afecten a la dignidad y respeto debidos al trabajador" y a sus derechos fundamentales (por todas, SS.TC de 30 de octubre de 1987, de 11 de abril de 1994 o de 20 de enero de 2003); en el caso de órdenes que afecten a la vida privada de la persona trabajadora (STS de 28 de diciembre de 1989 o STSJ de Madrid, de 14 de mayo de 1993); en el caso de órdenes empresariales ilícitas o delictivas (STS de 7 de noviembre de 2001); cuando concurran "situaciones de peligrosidad física para el trabajador" (por todas, SS.TSJ de Madrid, de 11 de septiembre de 1991 o de Castilla-

León, de 3 de octubre de 2007); en el caso de órdenes empresariales abusivas o atentatorias de la buena fe contractual (STSJ de Madrid, de 6 de noviembre de 2009); cuando la normativa deje meridianamente claros los límites del poder de dirección empresarial (por ejemplo, en los supuestos de movilidad funcional: SS.TSJ de Castilla-León, de 20 de marzo de 2006, de Andalucía, de 8 de marzo de 2007 o de Navarra, de 24 de mayo de 2011); o cuando esté en peligro el prestigio profesional de la persona trabajadora en los supuestos denominados de "desobediencia técnica" (STS de 25 de abril de 1991)

Una desobediencia reiterada que no implique perjuicio (económico o moral) para la empresa será no obstante causa de despido justificada siempre que revele una conducta de manifiesta indisciplina, en la medida que ésta perjudica en todo caso el poder de dirección empresarial (STS de 19 de diciembre de 1988 o STSJ de 27 de octubre de 2008), teniendo en cuenta las funciones realizadas por la persona trabajadora y las materias sobre las que recae la desobediencia (así, por ejemplo, la desobediencia a una sanción disciplinaria impuesta previamente —STSJ de Cataluña, de 11 de junio de 2003—, a una orden amparada en una prohibición legal —STSJ de Baleares, de 13 de septiembre de 2006— o la negativa a trabajar de las personas trabajadoras designadas para realizar servicios mínimos en huelgas en servicios esenciales o en servicios de mantenimiento y seguridad en las huelgas en general, siempre que estos servicios se hubieren fijado conforme a la legislación).

La desobediencia, finalmente, ha de ser culpable, en el sentido de que la persona trabajadora posea plena conciencia del incumplimiento de su obligación de obedecer. Para ello, la orden debe ser dada por quien está legitimado para ello y debe estar claramente transmitida sin que ofrezca duda alguna (SS.TS de 9 de abril de 1986 o de 12 de junio de 1998).

B) En cuanto a la transgresión de la buena fe contractual, la jurisprudencia admite tanto las conductas dolosas como las culposas (negligencia, imprudencia o descuido imputables a la persona trabajadora) (por todas, STS de 14 de febrero de 1990).

No es preciso que los daños causados a la empresa sean reales, bastando los potenciales, ni cuantiosos. Lo importante es la pérdida de confianza por parte del empresario (por todas, STS de 8 de febrero de 1991).

No es preciso que la deslealtad o el abuso de confianza tengan por destinatario exclusivo a la empresa, bastando con que afecte a terceros (clientes o usuarios del servicio), ocasionando un desprestigio en la imagen de la empresa donde trabaje (por todas, STS de 8 de junio de 1988).

En principio, será causa de despido por transgresión de la buena fe contractual el hecho de que la persona trabajadora se vea sorprendida trabajando durante la situación de baja por incapacidad temporal, argumentando la jurisprudencia que con ello se defrauda a la Seguridad Social —en cuanto que se cobra la prestación económica— y a la empresa —que tiene que sustituir a la persona trabajadora y continuar cotizando por él a la Seguridad Social—, además de dificultar la recuperación impidiendo su reincorporación al trabajo (por todas, STS de 23 de julio de 1990). Ahora bien, habrá que analizar las circunstancias de cada caso, ya que no es desleal el realizar todo tipo de actividad "sino aquel que con la actividad realizada evidencia su aptitud para el trabajo o contraviene las indicaciones médicas dilatando su restablecimiento" (por todas, STS de 14 de noviembre de 1991).

Es causa de despido por transgresión de la buena fe contractual la concurrencia desleal al empresario contra lo dispuesto en los Arts. 5 y 21 del ET, siendo uno de los supuestos más frecuentes de transgresión de la buena fe contractual, tanto si trabaja por cuenta propia como si lo hace por cuenta ajena (STS de 13 de mayo de 1988) o constituyendo con otros una sociedad dedicada a la misma actividad (STS de 22 de octubre de 1990). Bastando, para justificar el despido, la mera realización de actos preparatorios de una competencia desleal.

Es causa de despido por transgresión de la buena fe contractual la participación activa en una huelga ilegal (por todas, STS de 10 de mayo de 1994), entendiendo por tal la instigación o inducción a la huelga (por todas, STS de 17 de abril de 1986) o formar parte de piquetes violentos (STSJ de Cantabria, de 11 de noviembre de 1991), aunque en otras ocasiones es causa de despido reconducible a la indisciplina o desobediencia de la persona trabajadora (STS de 10 de mayo de 1984).

También lo es la violación por la persona trabajadora del secreto de empresa (STS de 4 de marzo de 19991), la sustracción de bienes de la empresa (STSJ de Castilla-La Mancha, de 14 de enero de 2016) o la simulación de una enfermedad (STSJ de Canarias, de 8 de septiembre de 2005).

C) Por lo que se refiere a la disminución del rendimiento en el trabajo, a ley habla de disminución del rendimiento del trabajo "normal" o "pactado". Por "rendimiento normal", habrá que entender el "rendimiento mínimo" acostumbrado, esto es, el obtenido por las personas trabajadoras que desarrollen análogas funciones o el rendimiento de la persona trabajadora media de la profesión (por todas, STS de 25 de enero de 1988). Por "rendimiento pactado", habrá que entender el "rendimiento mínimo" establecido por convenio colectivo o por contrato individual, siempre que en este último caso no resulte abusivo (STS de 23 de febrero de 1990). Será "abusivo" el rendimiento fijado contractualmente que consista en el que en cada momento exija el empresario, por contrario a los Arts. 1256 y 1273 del Código civil. Cuando el "rendimiento medio" obtenido habitualmente por una persona trabajadora sea superior al "rendimiento mínimo", su disminución no causará necesariamente despido o sanción disciplinaria menor sino tan sólo la pérdida de los incentivos o primas en su caso establecidos para los rendimientos superiores.

Una disminución del rendimiento será "voluntaria" cuando se deba a negligencia dolosa o culposa del trabajador. No obstante, el requisito de la voluntariedad resulta inexistente en determinados casos, según la jurisprudencia: en el caso de embarazo de la mujer trabajadora (STSJ de Madrid, de 21 de febrero de 1991) o en el caso de cambio de puesto de la persona trabajadora (STS de 18 de abril de 1991). En todo caso, la "voluntariedad" no se presume, sino que deberá probarse en cada caso (STS de 27 de noviembre de 1989).

La disminución en el rendimiento habrá de ser "continuada", esto es, la gravedad del incumplimiento habrá de verificarse por su permanencia en el tiempo, no bastando sólo un descenso esporádico del rendimiento (SS.TS de 27 de noviembre de 1989 o de 7 de mayo de 1990). Ahora bien, cuál sea ese período de tiempo no lo dice la ley, quedando, por tanto, al arbitrio judicial (STSJ de Extremadura, de 30 de julio de 1991).

Parte tercera

LA NEGOCIACIÓN COLECTIVA Y EL ABSENTISMO LABORAL

18. LAS CLÁUSULAS CONVENCIONALES RELACIONADAS CON EL ABSENTISMO LABORAL

La negociación colectiva suele establecer cláusulas relacionadas con el absentismo laboral, tanto con el absentismo propiamente dicho como con el presencial, de una gran variedad en su contenido: desde las que simplemente sancionan disciplinariamente el absentismo injustificado, pasando por fórmulas organizativas imaginativas, hasta las que pretenden luchar contra él mediante fórmulas positivas de interesamiento de las personas trabajadoras. Así:

a) Es frecuente establecer establece la concreción de las faltas de puntualidad y de asistencia al trabajo a efectos sancionatorios en las tablas de faltas y sanciones.

b) Se regulan con carácter general, las ausencias configuradas en el Art. 37.9 del ET *"por fuerza mayor cuando sea necesario por motivos familiares urgentes relacionados con familiares o personas convivientes, en caso de enfermedad o accidente que hagan indispensable su presencia inmediata"*.

c) Se establece una regulación detallada del uso por los trabajadores de la telefonía o de los ordenadores de la empresa.

d) Se crean comisiones mixtas de control del absentismo.

e) Se establece que la distancia entre el centro de trabajo y el domicilio del trabajador no supere una determinada distancia prudencial.

f) Se pactan *"incentivos por reducción del absentismo laboral"*, en metálico o en especie, condicionando en ocasiones el derecho al complemento o mejora del subsidio por incapacidad temporal a la superación de un determinado porcentaje de absentismo en la empresa, medido de muy distinta manera según los casos.

Estos *"complementos por absentismo"* convencionales han visto reducida su existencia y eficacia a partir de la Ley 15/2002, integral para la igualdad de trato y la no discriminación, por cuanto la inclusión de las bajas por *"enfermedad, condición de salud, estado serológico y/o predisposición genética a sufrir patologías y trastornos"* (Art. 2.1) se considera discriminatoria, prohibiendo su cómputo en el absentismo a estos efectos (STS 2025, de 20 de enero, Rec.99/2024), si bien la propia ley establece matizaciones al respecto:

1ª) *"De acuerdo con lo establecido en el Art. 4.2 de la Ley, podrán establecerse diferencias de trato cuando los criterios para tal diferenciación sean razonables y objetivos y lo que se persiga es lograr un propósito legítimo o así venga autorizado por norma con rango de ley, o cuando resulten de disposiciones normativas o decisiones generales de las administraciones públicas destinadas a proteger a las personas, o a grupos de población necesitados de acciones específicas para mejorar sus condiciones de vida o favorecer su incorporación al trabajo o a distintos bienes y servicios esenciales y garantizar el ejercicio de sus derechos y libertades en condiciones de igualdad"* (Art. 2.2).

2ª) *"La enfermedad no podrá amparar diferencias de trato distintas de las que deriven del propio proceso de tratamiento de la misma, de las limitaciones objetivas que imponga para el ejercicio de determinadas actividades o de las exigidas por razones de salud pública".*

De esta manera se ha introducido en nuestro ordenamiento laboral una nueva causa de discriminación antes no existente, por cuanto antes de esta Ley, la enfermedad no era causa de discriminación salvo que actuara *"como factor de segregación"* (SS.TS de 29 de enero de 2001 o de 11 de diciembre de 2007) o por tratarse de una *"enfermedad de larga duración"* (SS.TJUE de 11 de julio de 2006, de 11 de abril de 2014 o de 1 de diciembre de 29016).

Tampoco los permisos para ejercitar los derechos de conciliación de la vida laboral y familiar, considerándose discriminatoria su inclusión en el cómputo del absentismo a estos efectos por su vinculación con la discriminación por razón de sexo prohibida por el Art. 4.2 c) del ET.

No así las huelgas legales en el caso de que convencionalmente se hubiera establecido expresamente su inclusión (STS 128/2023, de 9 de febrero). Quedando por todo ello reducido el absentismo a estos efectos a supuestos menos frecuentes que los anteriores no considerados discriminatorios (traslado de domicilio, por ejemplo)[3].

g) En general, también se pactan en los convenios colectivos medidas de mejora del clima laboral y de las condiciones de trabajo tales como la aplicación de la ergonomía en los puestos de trabajo, una determinada política de prevención de riesgos laborales, la existencia de una carrera profesional con posibilidades de ascensos o, al menos, de una promoción económica u horizontal, la flexibilización de los horarios, una política de formación de los trabajadores, una cierta autogestión del tiempo de trabajo por el trabajador, el trabajo en equipo, la rotación de los puestos de trabajo, etc.; y prácticas de "*interesamiento*" o de "*fidelización*" empresarial de los trabajadores, tales como el establecimiento de mecanismos de participación en los beneficios de la empresa o similares.

No hay duda, en este sentido, de que cualquiera de estas medidas convencionales positivas puede hacer más por la reducción del absentismo laboral que las medidas disciplinarias de control negativas.

---

[3] Ver sobre el tema, los comentarios de J.M.GOERLICH a la STS 40/2025, de 20 de enero, en El Foro de Labos. 22/02/2025.